Faits cocasses
Charades

Illustrations :
Dominique Pelletier

Compilation :
Julie Lavoie

100 blagues! Et plus...
N° 24

Dépôt légal : 4e trimestre 2009

Éditions Scholastic
604, rue King Ouest
Toronto (Ontario)
M5V 1E1
www.scholastic.ca/editions

ISBN 978-0-545-98209-2

6 5 4 3 2 Imprimé au Canada 140 13 14 15 16 17

L'orchestre des légumes... Un groupe de musiciens autrichiens fabrique ses instruments avec des légumes frais avant chaque concert. Jouer de la carotte ou du concombre, c'est possible!

Mon premier est le petit de la vache.

Mon deuxième est un petit mot synonyme de oui.

Mon troisième se met sous les sabots du cheval.

Mon quatrième vient après do.

Mon tout signifie parler en hurlant.

À Saskatoon, en Saskatchewan, le thermomètre affichait - 39 °C le matin du 5 janvier 2009. Avec le refroidissement éolien, la température ressentie était de - 50 °C! Après avoir enduré un froid pareil, on se croit sous les tropiques à - 15 °C!

Mon premier est ce que tu obtiens en mélangeant du jaune et du bleu.

Mon deuxième est une syllabe du mot patiner qui est aussi dans le mot *gesticuler*.

Mon troisième est la 10e lettre de l'alphabet.

Mon quatrième permet d'attacher deux ficelles ou deux cordes ensemble.

Mon tout est démesuré.

Un petit garçon qui a peur des monstres refuse d'éteindre la lumière de sa chambre pour dormir. Sa mère a beau lui expliquer que les monstres n'existent pas, il reste convaincu du contraire. À bout d'arguments, la maman lui offre une peluche qu'elle appelle « petit dragon chasseur de monstres ».

- Ce dragon chassera tous les monstres qui oseront s'approcher de toi. Tu peux éteindre la lumière et dormir sur tes deux oreilles maintenant, explique-t-elle.

- Pas question, dit le garçon.

- Pourquoi? Ton dragon chasseur de monstres est là pour te protéger.

- Si on vend des dragons chasseurs de monstres au magasin, c'est que les monstres existent vraiment. J'ai donc raison de m'inquiéter.

Mon premier est une syllabe du mot ricaner qui n'est pas dans entériner.

Le monocycle a seulement une de mon deuxième.

Mon troisième est aussi appelé sodium.

Mon tout tourne au grand plaisir des enfants.

Vincent demande à son père :

- Papa, est-ce que je peux jouer du piano?

- Bien sûr, mais il faut d'abord te laver les mains, répond-il.

- Pas besoin… Je te promets que je vais seulement jouer sur les touches noires!

QUEL EST LE COMBLE DE LA POLITESSE?

RÉPONSE : C'EST DE FRAPPER À LA PORTE DU GARDE-MANGER AVANT DE L'OUVRIR.

QU'EST-CE QUI EST BON POUR LA SANTÉ MÊME S'IL EST CONTAGIEUX, NE SENT PAS MAUVAIS, NE POLLUE PAS ET NE COÛTE RIEN?

RÉPONSE : LE RIRE.

QUELLE EST LA DIFFÉRENCE ENTRE UN ADOLESCENT QUI APPREND À CONDUIRE ET UNE FRAISE?

RÉPONSE : AUCUNE. LES DEUX SE RETROUVENT DANS LE CHAMP.

Le tamanoir peut manger jusqu'à 35 000 insectes par jour! Environ 150 fois par minute, il sort sa langue gluante et collante, qui mesure plus de 60 cm.

- Ça fait bien 30 minutes que tu cours... Tu as fait le tour de l'école au moins dix fois! Pourquoi ne t'arrêtes-tu pas? demande une mère à sa fille.

- J'ai décidé de poursuivre mes études, répond la jeune fille.

QUELLE EST LA DIFFÉRENCE ENTRE UNE VESTE ET UNE PESTE?

RÉPONSE : UNE LETTRE.

Pirates modernes? Le beau sable des Caraïbes est utilisé pour faire du béton de haute qualité... Si bien que des plages entières sont en train de disparaître. Des voleurs de sable remplissent leurs camions pendant la nuit, puis le revendent à gros prix. Résultat : des conséquences désastreuses pour l'environnement et pour les touristes...

Il n'y en a pas deux pareils. Chaque zèbre a des rayures différentes.

Il y a 60 000 muscles
dans une trompe d'éléphant.

Un homme et son guide partent en excursion dans la jungle. Ils descendent un cours d'eau dans un petit canot en discutant.

- Il fait si chaud! Tu crois que je peux nager ici? demande l'homme au guide. Est-ce qu'il y a des piranhas?

- Non, il n'y en a pas, c'est certain, répond le guide.

- Comment pouvez-vous en être si sûr? ajoute l'homme.

- C'est qu'ils se font tous dévorer par les crocodiles...

Mon premier est le 5e mois
de l'année.

Mon deuxième est le contraire
de vite.

Mon troisième est un pronom
personnel à la première
personne du singulier.

Mon tout est le résultat
de plusieurs éléments ou
ingrédients mis ensemble.

Dans une résidence pour personnes âgées, deux femmes discutent :

- Pourquoi es-tu toujours en train de taper du pied? demande Yvette à Géraldine.

- C'est pour faire fuir les couguars.

- Mais nous sommes dans un édifice de 10 étages! Il n'y a pas de couguars ici! lance Yvette.

- Si tu n'en as jamais vu, ça prouve que mon truc marche!

VRAI OU FOU?

1- Un cagibi est le nom donné aux policiers en Russie.

2- Une murène est un poisson long et mince qui est très vorace.

3- Raiponce est la façon dont les Français écrivaient le mot réponse au 14e siècle.

Chaque année en Angleterre, les toilettes publiques font les manchettes. Un prix d'excellence est remis à l'organisme qui se distingue par la propreté et l'accessibilité de ses toilettes publiques. Le prix : un beau trophée doré en forme de toilette!

POURQUOI RAYMOND MET-IL DES BOUTEILLES VIDES DANS LE FRIGO?

RÉPONSE : AU CAS OÙ SES INVITÉS N'AURAIENT PAS SOIF...

POURQUOI LE PETIT MARCO A-T-IL ÉTALÉ DES CUBES DE FROMAGE SUR SON CLAVIER D'ORDINATEUR?

RÉPONSE : SON ENSEIGNANT LUI A DIT QU'AUJOURD'HUI, IL DEVAIT APPRENDRE À CONTRÔLER UNE SOURIS...

Deux vieillards montent dans une voiture pour aller jouer une partie de golf.

- Eh l'ami! Pourquoi roules-tu sur le trottoir? crie l'homme assis sur le siège du passager. On va tuer quelqu'un!

- Au contraire! réplique le conducteur. J'ai entendu aux nouvelles ce matin que la route avait fait 33 victimes cette année... Alors mieux vaut rouler sur le trottoir, mon vieux!

Connaissez-vous le bimi? C'est un nouveau légume obtenu grâce à un croisement entre le chou frisé et le brocoli. Connaissez-vous le dimu? Non? C'est possible, car il n'a pas encore été inventé!

Mon premier est généralement la carte la plus forte d'un jeu de cartes.

Mon deuxième est le contraire de pas assez.

Mon troisième est la troisième syllabe du mot domino.

Mon quatrième est au milieu du pain.

Mon tout est une science.

Une tornade peut aspirer
les grenouilles quand elle passe
au-dessus d'un étang...

Le plus gros cube Rubik au monde se trouve à Knoxville, dans l'État du Tennessee, aux États-Unis. Il mesure 3 m de haut et pèse plus de 500 kg!

QUELLE EST LA DIFFÉRENCE ENTRE UN DRAGON ET LE MONSTRE DU LOCH-NESS?

RÉPONSE : AUCUNE. TOUT LE MONDE LES CONNAÎT, MAIS PERSONNE NE LES AS VUS...

Mon premier est le résultat de l'opération : 35 - 15.

Mon second est un muscle qui bat.

Mon tout n'a pas perdu.

Après avoir corrigé les devoirs, l'enseignante dit à Sophie :

- Sophie, ta composition sur les jeunes d'aujourd'hui est de bien mauvais goût.

- Depuis quand, madame, mangez-vous les devoirs? réplique Sophie.

DANS LA RUE, UNE FEMME MARCHE AVEC SON PARAPLUIE. UNE JEUNE FILLE PORTE UN IMPERMÉABLE TANDIS QU'UNE AUTRE A UN SAC DE PLASTIQUE QUI LUI SERT DE CAPE. PARMI LES TROIS, LAQUELLE SERA LA PLUS MOUILLÉE?

RÉPONSE : AUCUNE, CAR IL NE PLEUVAIT PAS, CE JOUR-LÀ...

- Pourquoi ne viens-tu pas te baigner dans le lac avec nous? demande Jean à Pierrot.

- Le docteur m'a dit hier que j'étais solide comme du roc, explique Pierrot.

- Raison de plus pour venir faire trempette, ajoute Jean.

- J'ai trop peur de couler au fond...

Le plus gros grêlon que l'on connaisse est tombé au Nebraska en juin 2003. Il mesurait 17,9 cm de diamètre, environ la taille d'un cantaloup!

On dit que la boue chaude
autour des geysers garde
la peau douce.

QUEL EST LE COMBLE DU BONHEUR POUR UN JARDINIER?

RÉPONSE : C'EST DE SE FAIRE TRAITER AUX PETITS OIGNONS.

POURQUOI ROGER AIME-T-IL TONDRE LE GAZON AVEC UNE TONDEUSE ÉLECTRIQUE?

RÉPONSE : IL PEUT RETROUVER SON CHEMIN FACILEMENT EN SUIVANT LE FIL...

Mon premier est une syllabe
du mot implication qui n'est pas
dans le mot supplication.

Mon deuxième est synonyme
de cochon.

Un sablier ou une montre
te permet de mesurer mon
troisième.

Mon tout n'est pas futile.

- Ma femme dit que ma vue a baissé, dit un homme à son optométriste.

- Commençons tout de suite l'examen. Lisez-moi d'abord les lettres sur le tableau.

- Pourriez-vous m'indiquer où se trouve le tableau s'il vous plaît?

POURQUOI UN FIANCÉ TIENT-IL TOUJOURS LA MAIN DE SON AMOUREUSE?

RÉPONSE : IL VEUT ÊTRE SÛR QU'ELLE NE PERDRA PAS SA BAGUE...

Déçue par la performance de l'équipe de soccer britannique, une designer de mode a déchiré son chandail noir et blanc et celui de son mari. Elle a ensuite utilisé les lambeaux pour créer une robe de mariée...

Mon premier est un oiseau bavard.

Mon deuxième est le petit de la vache.

Mon troisième est une boisson qui se boit chaude ou glacée.

Mon tout consiste à faire une rotation.

Au restaurant, une fillette commande :

- J'aimerais avoir un brifpalicorbatopragoline à la fraise, s'il vous plaît.

- Un brifpalicorbatopragoline à la quoi? demande le serveur.

QUELLE EST LA DIFFÉRENCE ENTRE UN CHANTEUR ROCK ET UN MIROIR?

RÉPONSE : LE MIROIR, LUI, RÉFLÉCHIT...

VRAI OU FOU?

1- Un quignon est un enfant déguisé en clown.

2- Une pattemouille est le nom d'un petit insecte qui se tient toujours aux abords de l'étang.

3- Un heurtoir est un marteau de métal installé sur la porte d'une maison, dont on se sert pour frapper à la porte.

Mon premier est la partie
en haut du visage.

Mon second est ce que tu
obtiens en divisant une chose
en trois.

Mon tout délimite un pays.

••••••••••••••••••••••••••••••••••••

Mon premier est la 16e lettre
de l'alphabet.

Mon second sert à mastiquer.

Mon tout se dit de quelqu'un
qui est prétentieux.

Une femme demande à son mari :

- Pourquoi dors-tu avec ton fusil?

- C'est pour pouvoir tirer sur les couvertures quand j'ai froid...

••••••••••••••••••••••••••••••••••••

Dans l'océan, deux crevettes s'apprêtent à cambrioler un homard lorsqu'une étoile de mer s'approche.

- Sauvons-nous, dit l'une d'elles, le shérif arrive!

Dans certaines régions de Russie,
de Pologne et d'Ukraine,
des archéologues ont trouvé des os de
mammouth disposés de façon
à servir de charpente pour
une habitation...

À sa naissance, le rhinocéros pèse déjà 10 fois plus qu'un homme.

Un garçon rêve depuis longtemps de visiter un vrai château. Pour son 10e anniversaire, ses parents l'amènent en France pour qu'il puisse réaliser son rêve.

- J'ai adoré la visite, dit-il au guide. C'était encore mieux que tout ce que j'avais imaginé! Par contre, je dois admettre que j'ai eu un peu peur de voir un fantôme...

- Un fantôme! Moi, je n'en ai jamais vu, explique l'homme.

- Et vous travaillez ici depuis combien de temps? demande le garçon.

- Ça doit bien faire 500 ans...

Mon premier est la 6e consonne de l'alphabet.

Mon tout se prononce comme mon premier et sert à couper du bois.

• •

Mon premier est une syllabe du mot venu qui n'est pas dans tenu.

Les oiseaux font mon deuxième avec des branches et des brindilles.

Mon troisième est le bruit que fait la vache.

Mon tout est dangereux.

Plusieurs personnes croient
qu'il va pleuvoir lorsque les vaches
sont couchées.

Un Anglais dit avoir le meilleur travail du monde. Il se promène dans des villages de vacances partout dans le monde afin de tester les glissades dans les piscines. Il doit les essayer les unes après les autres pour s'assurer qu'elles sont sécuritaires.

Deux amies, Alice et Brigitte, passent une journée ensemble.

- J'ai commencé un régime amaigrissant pour perdre un peu de poids, explique Brigitte.

- Tu veux rire! Tu ne suis pas de régime! Il n'est même pas encore 17 heures et tu as déjà mangé quatre repas!

- C'est que je suis au régime seulement entre les repas...

Petite distraction... Une touriste argentine s'en allait à Sydney en Australie, mais alors qu'elle approchait de sa destination, elle a réalisé son erreur : elle arrivait dans la petite ville de Sydney, au Cap-Breton...

POURQUOI ANNIE A-T-ELLE ÉCRIT AVEC UN MARQUEUR LES LETTRES « O » ET « D » SUR LE DESSUS DE SES CHAUSSURES?

RÉPONSE : ORTEILS DEVANT. C'EST POUR ÉVITER DE METTRE SES CHAUSSURES À L'ENVERS...

POURQUOI LA COUTURIÈRE NE MANGE-T-ELLE PAS SA BANANE?

RÉPONSE : ELLE N'ARRIVE PAS À TROUVER LA FERMETURE ÉCLAIR...

Mon premier est la 19e lettre de l'alphabet.

Mon deuxième est une syllabe du mot escalader qui est aussi dans le mot carabinier.

Mon troisième est le contraire de laid.

Mon tout permet de monter.

Une personne a trouvé 26 perles dans une huître.

Dans la salle d'attente d'une clinique médicale, une maman se vante sans arrêt des exploits de son bébé de 14 mois.

- Non seulement il connaît déjà plusieurs mots, mais il marche depuis qu'il a huit mois!

- Il marche depuis qu'il a huit mois! Alors, dépêchez-vous de rentrer chez vous et de le mettre au lit. Le pauvre enfant doit être fatigué, dit une femme qui n'en peut plus de l'écouter...

QUEL EST LE COMBLE POUR UN ÉLECTRICIEN?

RÉPONSE : C'EST D'AVOIR UNE AMPOULE AU PIED.

QU'EST-CE QUE LES ÉLECTRICIENS DÉTESTENT LE PLUS?

RÉPONSE : NE PAS ÊTRE MIS AU COURANT.

QUELLE EST LA DIFFÉRENCE ENTRE L'ÉCOLE ET UNE PILE?

RÉPONSE : LA PILE, ELLE, A UN CÔTÉ POSITIF.

Un homme revient à la pharmacie rouge de colère.

- Vous m'avez vendu un rince-bouche à un prix exorbitant; en plus, il est dégoûtant!

- Il a été conçu spécialement pour vous aider à le recracher, explique patiemment le vendeur...

Mon premier est synonyme de cambriolage.

Mon second dure 365 jours.

Mon tout sert à diriger.

•••••••••••••••••••••••••••••••••••••

Mon premier n'a plus de vie.

Mon second est l'abréviation du mot téléphone.

Mon tout se dit parfois d'un poison.

On a trouvé des brosses à dents dans des tombes égyptiennes datant de plus de 3000 ans av. J.-C. Elles étaient faites de petites branches à l'extrémité fendue. On a aussi trouvé une recette de dentifrice : du vinaigre et de la pierre ponce réduite en poudre. Un mélange qui « arrache » l'émail des dents, causant ainsi plus de tort que de bien…

L'ancêtre de la brosse à dents a fait son apparition en Chine vers le 11ᵉ siècle. Elle était alors fabriquée avec des poils de sanglier fixés à un petit bâton de bois ou de bambou. Les Européens, qui la trouvaient un peu raide, lui préféraient le cure-dents ou la pointe d'un couteau…

Mon premier est la 8e consonne de l'alphabet.

Mon deuxième est une syllabe du mot ravin qui n'est pas dans le mot divin.

Mon troisième est la 20e lettre de l'alphabet.

Mon tout est un art.

En Grèce, un contrôleur aérien s'est endormi au travail... Des avions tournaient en rond dans le ciel en attendant l'autorisation d'atterrir.

Casse-tête mathématique... Une maman aide sa petite fille Mathilde à faire son devoir de math. Elle lui demande :

- Disons que tu as 10 chocolats et que tu as six amis. Tu donnes un chocolat à un de tes amis et tu en manges un. Combien t'en reste-t-il?

- Il me reste un ami et huit chocolats, répond la fillette.

POURQUOI LES PLONGEURS SE LAISSENT-ILS TOUJOURS TOMBER DANS L'EAU PAR DERRIÈRE?

RÉPONSE : S'ILS PLONGEAIENT PAR DEVANT, ILS TOMBERAIENT DANS LE BATEAU...

SAVEZ-VOUS QUE LE POIDS MOYEN DES VOITURES, DES AUTOBUS, DES TRAINS ET DES AVIONS A AUGMENTÉ?

RÉPONSE : C'EST PARCE QUE LE POIDS DES PASSAGERS A AUGMENTÉ...

En Europe, en quelques mois seulement, un homme a volé 30 voitures du même modèle avant de se faire prendre. Il volait sa voiture préférée et roulait avec jusqu'à ce que le réservoir d'essence soit vide.

Mon premier est un établissement où l'on peut consommer des boissons alcoolisées.

Mon deuxième est une syllabe du mot rivière qui est aussi dans le mot tapisserie.

On met mon troisième dans les pneus pour les gonfler.

Mon tout empêche de passer.

Karine et Sophie vont au cinéma. Karine a déjà vu le film, mais elle veut bien le voir une seconde fois. Au milieu du film, Karine dit à son amie :

- Tu veux parier 10 $ que l'homme ne volera pas cette voiture?

- Mais tu as déjà vu le film... Tu sais ce qui va se passer! Mais puisque tu as bien voulu m'accompagner, j'accepte ton parie, Je vais perdre 10 $, répond Sophie.

Quelques minutes plus tard, l'acteur du film vole la voiture qui va bientôt s'écraser en bas d'un pont...

- Merci pour les 10 $, dit Sophie, mais veux-tu bien me dire pourquoi tu as fait ce pari? Tu savais bien qu'il allait voler la voiture, non?

- Je ne croyais pas qu'il était assez nul pour faire la même erreur deux fois...

POURQUOI EN CERTAINS ENDROITS DIT-ON « JE VEUX ALLER AUX TOILETTES » ET AILLEURS ON DIT PLUTÔT « JE VEUX ALLER À LA TOILETTE »?

RÉPONSE : ON DIT « AUX TOILETTES » QUAND IL FAUT EN VISITER PLUSIEURS AVANT D'EN TROUVER UNE QUI SOIT PROPRE...

QUEL EST LE COMBLE DE LA COLÈRE POUR UN CYCLISTE?

RÉPONSE : C'EST DE PERDRE LES PÉDALES!

Des scientifiques ont trouvé un lézard rose aux îles Galápagos. L'espèce inconnue jusqu'ici serait vieille de 5 millions d'années!

Le patron d'une entreprise convoque ses employés à une réunion d'urgence.

- Nous devons réduire les dépenses afin d'éviter les mises à pied. Je me demandais si vous accepteriez une diminution de salaire. Ceux qui sont d'accord, levez-vous.

C'est le silence le plus complet dans la salle... Tout à coup, Serge se lève.

- Bravo! lance le patron. Ta décision est sage.

- C'est que vous faisiez pitié, commente Serge. Vous étiez le seul debout...

Une jeune fille rentre de l'école et explique à son père qu'elle doit préparer une présentation orale.

- Tu devrais la commencer tout de suite. Il faut battre le fer quand il est chaud, lui conseille son père.

Peu de temps après, celui-ci entend un vacarme épouvantable au deuxième étage. Il monte en vitesse pour voir ce qui se passe.

- Qu'est-ce que tu fais avec ce fer à repasser? Tu es en train de tout casser! lance-t-il.

- Je fais ce que tu m'as dit, répond la fillette. Je bats le fer quand il est chaud...

Karaoké : en Finlande, en 2006, 80 000 personnes se sont réunies pour chanter en chœur.

- Je me suis cassé la jambe à deux places, dit un homme à une infirmière.

- J'espère que vous avez appris votre leçon et que vous ne retournerez pas à cette place une troisième fois...

QUEL EST LE COMBLE DE LA RICHESSE POUR UN DENTISTE?

RÉPONSE : C'EST D'HABITER DANS UN PALAIS.

Un concert en solo, sous l'eau! Une jeune Écossaise a inventé la douche chantante. Il suffit de choisir sa musique et de chanter en se servant de la pomme de douche qui contient un microphone.

COMMENT DORMENT LES MUSICIENS?

RÉPONSE : LE PLUS SOUVENT SUR
LE SOL ET TOUJOURS
SUR LE DO.

QUEL ANIMAL S'ATTACHE LE PLUS À L'HOMME, MAIS QUE L'HOMME N'AIME POURTANT PAS DU TOUT?

RÉPONSE : LA SANGSUE.

À l'approche des fêtes, un étudiant prend l'autobus pour aller fêter Noël avec ses parents. À la fin du trajet d'environ 300 km, il descend enfin de l'autobus.

- Tu en as une mine! Il me semble que tu as le teint un peu vert, note sa mère.

- J'étais assis derrière et j'ai eu mal au cœur pendant tout le trajet.

- Tu aurais pu demander à changer de place avec une personne assise à l'avant, dit-elle.

- J'y ai pensé, mais il n'y avait personne à qui le demander alors...

Une jeune fille se rend à l'épicerie.

- Pouvez-vous m'indiquer où se trouve le... le chlorure de sodium, demande-t-elle à l'épicier.

- Tu veux dire le sel, répond l'homme.

- C'est ça! J'avais oublié le nom...

QUI EST GRANDE AVANT D'ÊTRE PETITE?

RÉPONSE : UNE CHANDELLE.

Lors de la mission lunaire Apollo 14, en janvier 1971, les astronautes ont joué au golf!

Les sorciers peuvent jeter mon premier.

Mon second est synonyme de propre.

Mon tout se dit d'une histoire farfelue, qui manque de sérieux.

••••••••••••••••••••••••••••••••••••

Le chien de garde montre mon premier avant d'attaquer.

Mon second est l'endroit où les bateaux sont amarrés.

Mon tout concerne la nourriture.

Une jeune fille explique à sa mère :

- Moi, quand je serai grande, je veux me marier à un antiquaire.

- Pourquoi un antiquaire? Tu pourrais te marier à un riche chef d'entreprise, à un avocat ou même à un médecin...

- C'est que plus je vais être vieille, plus il va m'aimer...

Mon premier réveille toute la basse-cour.

Mon second est le résultat de l'opération : 13 - 7.

Mon tout est un os du corps humain.

••••••••••••••••••••••••••••••••••••

Mon premier est mangé par le poisson.

Mon second est la partie longue d'une fleur.

Mon tout survient parfois dans les hauteurs.

Un cœur, un poumon, un foie, un intestin grêle en peluche... Il fallait y penser! En plus de faire la promotion des dons d'organes, ces « toutous » rappellent qu'il faut prendre soin de son corps.

Mon premier dure 12 mois.

Mon second voyage sur des rails.

Mon tout est synonyme de vigueur.

••••••••••••••••••••••••••••••••••••

Mon premier est une planète
où il y a de la vie.

Mon deuxième est un mot court
pour dire moitié.

Mon troisième est au milieu
du visage.

Mon tout signifie la fin.

Un mécanicien insiste pour que son fils de 16 ans apprenne quelques notions de mécanique. Il lève le capot de sa voiture et lui explique le fonctionnement de chacune des pièces.

- Savoir réparer ta voiture te sera toujours utile dans la vie, lui dit-il.

Quelques semaines plus tard, le mécanicien voit son fils qui revient à la maison à pied.

- Où est ta voiture? demande-t-il.

- Elle est calée.

- As-tu vérifié le moteur? Es-tu bien certain? Où l'as-tu laissée?

- Au fond du lac.

Charles Osborne, un Américain, a eu le hoquet de 1922 à 1970, c'est-à-dire pendant 68 ans! Inutile de préciser qu'il s'agit d'un record...

Deux poux discutent :

- Salut l'ami! Tu as l'air un peu bizarre, aujourd'hui...

- C'est qu'on vient de me donner un coup de peigne.

Un petit caniche et son maître marchent dans le désert.

- Mon maître, il fait si chaud, ça ne t'embête pas trop que je marche dans ton ombre pour un moment? On pourra changer après...

Pour promouvoir les ventes de ses galettes des rois, un boulanger français a eu l'idée de placer des minilingots d'or d'une valeur de quelques centaines de dollars dans deux de ses galettes. La fabrication des galettes lui a coûté cher, mais considérant la publicité gratuite...

Une femme de la ville visite une ferme.

- Pouvez-vous me dire ce qui est arrivé à ce pauvre coq? Il a une crête qui lui pend au bec! demande la femme.

- Vous savez, je suis fermier depuis plus de 30 ans et j'en ai vu de toutes les couleurs... J'ai vu des œufs à trois jaunes et des coqs sans crête. Mais un coq avec une crête qui lui pend au bec, jamais! Ce que vous regardez, madame, c'est une dinde...

En Grande-Bretagne, une dalmatienne a donné naissance à 18 chiots en une seule portée. Étrangement, cette chienne est la fille de celle qui avait joué dans le film « Les 101 Dalmatiens »...

Un homme emmène sa fille chez le médecin.

- Ma fille fait des gaz horribles. Ça fait du bruit et ça empeste! Que puis-je faire?

- Si j'étais vous, je lui achèterais une nouvelle bicyclette ou encore une trottinette.

- Vous pensez que ça peut régler son problème de gaz?

- Non, mais au moins, elle ira les faire plus loin...

Mon premier est l'œuf du pou.

Mon second dure 60 minutes.

Mon tout signifie manquer de rapidité.

Mon premier est la 16e lettre de l'alphabet.

Mon second est le contraire de tôt.

Mon tout fait du bruit.

Pour arrêter les automobilistes qui conduisent trop vite, les policiers italiens patrouillent en Lamborghini! La police italienne n'a probablement pas de problème à recruter de nouveaux policiers...

QU'EST-CE QUI PÈSE PLUS QU'UNE BALEINE?

RÉPONSE : DEUX BALEINES.

Alexandra demande à Émilie :

- Chère amie, j'aimerais tant essayer ta nouvelle voiture... Dis-moi ce que je peux faire pour que tu me la laisses essayer.

- Une anesthésie générale serait la seule façon...

À Washington, les soirées chics sont choses courantes. Mais deux robes pareilles à la même table... Quel embarras! Pour éviter une telle situation, les femmes peuvent afficher leur tenue de soirée sur un site Web conçu à cet effet. Porter une vieille robe assure aussi un « look » unique. Une solution écologique et économique!

QUELLE EST LA DIFFÉRENCE ENTRE UNE ARAIGNÉE ET UN MILLE-PATTES?

RÉPONSE : 992 PATTES.

- Philippe! Le gâteau brûle! Je t'avais demandé de le surveiller en regardant l'heure!

- Je l'ai fait, maman. Le gâteau brûle depuis exactement 17 minutes 47 sec... 48, 49, 50...

POURQUOI LINA GARDE-T-ELLE SES PANTOUFLES POUR DORMIR?

RÉPONSE : ELLE EN A BESOIN CAR ELLE EST SOUVENT SOMNAMBULE...

QUEL EST LE FRUIT QUE TOUS LES BOXEURS DÉTESTENT?

RÉPONSE : LA PRUNE.

Un lion peut avaler 23 kg
de nourriture en un seul repas.

De son côté, le loup peut manger
9 kg de nourriture par repas.

Mon premier est le contraire
de rude.

Mon second est une céréale qui
entre dans la fabrication du pain.

Mon tout signifie deux fois plus.

••••••••••••••••••••••••••••••••••••

Mon premier est le contraire
de mou.

Mon second s'accumule parfois
dans l'oreille.

Mon tout passe de mou à ferme.

La gymnastique faciale est une façon simple et économique de ralentir l'apparition des rides sur son visage. Il faut tonifier ses muscles, par exemple, en ouvrant la bouche au maximum, en tirant la langue le plus possible et en relevant les sourcils! Aucun équipement requis! On peut faire tous les exercices en même temps, sous la douche ou dans l'autobus...

Avant 1888, les roues des bicyclettes étaient en bois et les pneus en fer, ce qui était un peu dur pour le postérieur des randonneurs... Merci à John Dunlop, l'inventeur écossais qui les a remplacées par des pneus en caoutchouc remplis d'air.

Mon premier termine une phrase.

Mon tout se prononce comme mon premier et on le montre quand on veut se battre.

•••••••••••••••••••••••••••••••••••••••

Mon premier est synonyme de quai.

Mon second est une plante aromatique qui donne bon goût, mais aussi mauvaise haleine…

Mon tout est un point d'entrée.

Deux pêcheurs sont assis sur un filet de pêche rempli de gros poissons. L'un d'eux veut continuer de pêcher tandis que l'autre veut rentrer. Ils commencent bientôt à se disputer.

- Arrête de me parler sur ce « thon »! déclare l'un d'eux.

QUE FAIT UNE DINDE DANS UNE SALLE DE CLASSE?

RÉPONSE : ELLE DÉRANGE.

Formule 1 : pour être commanditaire principal et avoir son logo sur une voiture de course, une entreprise doit payer entre 30 et 100 millions de dollars!

QU'EST-CE QUI N'A PAS DE TÊTE, MAIS QUI PEUT TENIR SUR LA TÊTE?

RÉPONSE : UN CHAPEAU.

JE SUIS UN OBJET QUI NE SE DIVISE PAS EN DEUX, MAIS ON DIT TOUT DE MÊME QUE JE SUIS UNE PAIRE... QUI SUIS-JE?

RÉPONSE : UNE PAIRE DE LUNETTES.

La plupart des gratte-ciel modernes ont des vitres autonettoyantes. Elles sont enduites d'un revêtement spécial qui empêche les saletés d'y rester collées...

QU'EST-CE QUI PEUT ÊTRE DANS LE VENT SANS ÊTRE DEHORS?

RÉPONSE : LA MODE.

QUEL EST LE NOM DONNÉ AU PASSAGE QUI SE TROUVE ENTRE L'INTÉRIEUR ET L'EXTÉRIEUR.

RÉPONSE : LA PORTE.

La plupart des requins n'arrêtent jamais de nager... S'ils s'arrêtaient, ils couleraient au fond!

EXISTE-T-IL UN ANIMAL QUI PEUT MARCHER SUR LA TÊTE?

RÉPONSE : OUI, LE POU.

QUE PREND UN HIPPOPOTAME AU RESTAURANT?

RÉPONSE : DE LA PLACE.

Fais-nous rire!

Envoie-nous ta meilleure blague.
Qui sait? Elle pourrait être publiée dans
un prochain numéro des
100 BLAGUES! ET PLUS...

100 Blagues! et plus...
Éditions Scholastic
604, rue King Ouest
Toronto (Ontario)
M5V 1E1

Au plaisir de te lire!

Solutions

CHARADES

Page 4 .... Vociférer
Page 6 .... Vertigineux
Page 8 .... Carrousel
Page 17 .... Mélange
Page 24 .... Astronomie
Page 27 .... Vainqueur
Page 33 .... Important
Page 36 .... Pivoter
Page 39 .... Frontière
Page 39 .... Pédant
Page 44 .... Hache
Page 45 .... Venimeux
Page 50 .... Escabeau
Page 55 .... Volant
Page 55 .... Mortel
Page 58 .... Karaté
Page 63 .... Barrière
Page 76 .... Sornette
Page 76 .... Croquer
Page 78 .... Coccyx
Page 78 .... Vertige
Page 80 .... Entrain
Page 80 .... Terminer
Page 88 .... Lenteur
Page 88 .... Pétard
Page 96 .... Doubler
Page 96 .... Durcir
Page 99 .... Poing
Page 99 .... Portail

VRAI OU FOU?

Page 19

1-Fou. C'est le nom donné à une petite pièce servant de débarras.

2- Vrai.

3- Fou. C'est une plante potagère.

Page 38

1- Fou. C'est un gros morceau de pain.

2- Fou. C'est un chiffon humide dont on se sert pour repasser les vêtements.

3- Vrai.